GRöLS Verlage

„Bücher sind wie Fallschirme. Sie nützen uns nichts, wenn wir sie nicht öffnen."

Gröls Verlag

Redaktionelle Hinweise und Impressum

Das vorliegende Werk wurde zugunsten der Authentizität sehr zurückhaltend bearbeitet. So wurden etwa ursprüngliche Rechtschreibfehler *nicht* systematisch behoben, denn kleine Unvollkommenheiten machen das Buch – wie im Übrigen den Menschen – erst authentisch. Mitunter wurden jedoch zum Beispiel Absätze behutsam neu getrennt, um den Lesefluss zu erleichtern.

Um die Texte zu rekonstruieren, werden antiquarische Bücher von Lesegeräten gescannt und dann durch eine Software lesbar gemacht. Der so entstandene Text wird von Menschen gegengelesen und korrigiert – hierbei treten auch Fehler auf. Wenn Sie ebenfalls antiquarische Texte einreichen möchten, finden Sie weitere Informationen auf www.groels.de

Viel Freude bei der Lektüre wünscht Ihnen das Team des Gröls-Verlags.

Adressen

Verleger: Sophia Gröls, Im Borngrund 26, 61440 Oberursel

Externer Dienstleister für Distribution & Herstellung: BoD, In de Tarpen 42, 22848 Norderstedt

Unsere „Edition | Werke der Weltliteratur" hat den Anspruch, eine der größten und vollständigsten Sammlungen klassischer Literatur in deutscher Sprache zu sein. Nach und nach versammeln wir hier nicht nur die „üblichen Verdächtigen" von Goethe bis Schiller, sondern auch Kleinode der vergangenen Jahrhunderte, die – zu Unrecht – drohen, in Vergessenheit zu geraten. Wir kultivieren und kuratieren damit einen der wertvollsten Bereiche der abendländischen Kultur. Kleine Auswahl:

Francis Bacon • Neues Organon • **Balzac** • Glanz und Elend der Kurtisanen • **Joachim H. Campe** • Robinson der Jüngere • **Dante Alighieri** • Die Göttliche Komödie • **Daniel Defoe** • Robinson Crusoe • **Charles Dickens** • Oliver Twist • **Denis Diderot** • Jacques der Fatalist • **Fjodor Dostojewski** • Schuld und Sühne • **Arthur Conan Doyle** • Der Hund von Baskerville • **Marie von Ebner-Eschenbach** • Das Gemeindekind • **Elisabeth von Österreich** • Das Poetische Tagebuch • **Friedrich Engels** • Die Lage der arbeitenden Klasse • **Ludwig Feuerbach** • Das Wesen des Christentums • **Johann G. Fichte** • Reden an die deutsche Nation • **Fitzgerald** • Zärtlich ist die Nacht • **Flaubert** • Madame Bovary • **Gorch Fock** • Seefahrt ist not! • **Theodor Fontane** • Effi Briest • **Robert Musil** • Über die Dummheit • **Edgar Wallace** • Der Frosch mit der Maske • **Jakob Wassermann** • Der Fall Maurizius • **Oscar Wilde** • Das Bildnis des Dorian Grey • **Émile Zola** • Germinal • **Stefan Zweig** • Schachnovelle • **Hugo von Hofmannsthal** • Der Tor und der Tod • **Anton Tschechow** • Ein Heiratsantrag • **Arthur Schnitzler** • Reigen • **Friedrich Schiller** • Kabale und Liebe • **Nicolo Machiavelli** • Der Fürst • **Gotthold E. Lessing** • Nathan der Weise • **Augustinus** • Die Bekenntnisse des heiligen Augustinus • **Marcus Aurelius** • Selbstbetrachtungen • **Charles Baudelaire** • Die Blumen des Bösen • **Harriett Stowe** • Onkel Toms Hütte • **Walter Benjamin** • Deutsche Menschen • **Hugo Bettauer** • Die Stadt ohne Juden • **Lewis Caroll** • *und viele mehr….*

Richard Wagner

Lohengrin

Inhalt

Personen:

Heinrich der Vogler,
deutscher König

Lohengrin

Elsa von Brabant

Friedrich von Telramund,
brabantischer Graf

Ortrud,
seine Gemahlin

Der Heerrufer des Königs

Vier brabantische Edle

Vier Edelknaben

Sächsische und thüringische Grafen und Edle,
brabantische Grafen und Edle,
Edelfrauen,
Edelknaben,
Mannen,
Frauen,
Knechte

Erster Akt

Eine Aue am Ufer der Schelde bei Antwerpen. Der Fluß macht dem Hintergrund zu eine Biegung, so daß rechts durch einige Bäume der Blick auf ihn unterbrochen wird und man erst in weiterer Entfernung ihn wieder sehen kann.

(Im Vordergrund sitzt König Heinrich unter einer mächtigen alten Eiche (Gerichtseiche), ihm zunächst stehen sächsische und thüringische Grafen, Edle und Reisige, welche des Königs Heerbann bilden. Gegenüber stehen die brabantischen Grafen und Edlen, Reisige und Volk, an ihrer Spitze Friedrich von Telramund, zu dessen Seite Ortrud. Die Mitte bildet ein offener Kreis. Der Heerrufer des Königs und vier Hornbläser schreiten in die Mitte. Die Bläser blasen den Königsruf.)

Der Heerrufer

Hört! Grafen, Edle, Freie von Brabant!
Heinrich, der Deutschen König, kam zur Statt,
mit euch zu dingen nach des Reiches Recht.
Gebt ihr nun Fried' und Folge dem Gebot?

Die Brabanter

Wir geben Fried' und Folge dem Gebot.
Willkommen, willkommen, König, in Brabant!

König Heinrich *(erhebt sich)*

Gott grüß' euch, liebe Männer von Brabant!
Nicht müßig tat zu euch ich diese Fahrt!
Der Not des Reiches seid von mir gemahnt!
Soll ich euch erst der Drangsal Kunde sagen,
die deutsches Land so oft aus Osten traf?
In fernster Mark hießt Weib und Kind ihr beten:
„Herr Gott, bewahr uns vor der Ungarn Wut!“
Doch mir, des Reiches Haupt, mußt' es geziemen,
solch wilder Schmach ein Ende zu ersinnen;
als Kampfes Preis gewann ich Frieden auf
neun Jahr – ihn nützt' ich zu des Reiches Wehr;
beschirmte Städt' und Burgen ließ ich baun,
den Heerbann übte ich zum Widerstand.
Zu End' ist nun die Frist, der Zins versagt –
mit wildem Drohen rüstet sich der Feind.
Nun ist es Zeit, des Reiches Ehr' zu wahren;
ob Ost, ob West, das gelte allen gleich!

Was deutsches Land heißt, stelle Kampfesscharen,
dann schmäht wohl niemand mehr das Deutsche Reich!

Die Sachsen und Thüringer

Wohlauf! Mit Gott für Deutschen Reiches Ehr!

Der König *(hat sich wieder gesetzt)*

Komm' ich zu euch nun, Männer von Brabant,
zur Heeresfolg' nach Mainz euch zu entbieten,
wie muß mit Schmerz und Klagen ich ersehn,
daß ohne Fürsten ihr in Zwietracht lebt!
Verwirrung, wilde Fehde wird mir kund;
drum ruf ich dich, Friedrich von Telramund!
Ich kenne dich als aller Tugend Preis,
jetzt rede, daß der Drangsal Grund ich weiß.

Friedrich

Dank, König, dir, daß du zu richten kamst!
Die Wahrheit künd' ich, Untreu' ist mir fremd.
Zum Sterben kam der Herzog von Brabant,
und meinem Schutz empfahl er seine Kinder,
Elsa, die Jungfrau, und Gottfried, den Knaben;
mit Treue pflog ich seiner großen Jugend,

sein Leben war das Kleinod meiner Ehre.
Ermiß nun, König, meinen grimmen Schmerz,
als meiner Ehre Kleinod mir geraubt!
Lustwandelnd führte Elsa den Knaben einst
zum Wald, doch ohne ihn kehrte sie zurück;
mit falscher Sorge frug sie nach dem Bruder,
da sie, von ungefähr von ihm verirrt,
bald seine Spur – so sprach sie – nicht mehr fand.
Fruchtlos war all Bemühn um den Verlornen;
als ich mit Drohen nun in Elsa drang,
da ließ in bleichem Zagen und Erbeben
der gräßlichen Schuld Bekenntnis sie uns sehn.
Es faßte mich Entsetzen vor der Magd;
dem Recht auf ihre Hand, vom Vater mir
verliehn, entsagt' ich willig da und gern
und nahm ein Weib, das meinem Sinn gefiel:

(Er stellt Ortrud vor, die sich vor dem König verneigt.)

Ortrud, Radbods, des Friesenfürsten Sproß.

(Er schreitet feierlich einige Schritte vor)

Nun führ' ich Klage wider Elsa von
Brabant; des Brudermordes zeih' ich sie.
Dies Land doch sprech' ich für mich an mit Recht,
da ich der Nächste von des Herzogs Blut,
mein Weib dazu aus dem Geschlecht, das einst
auch diesen Landen seine Fürsten gab.
Du hörst die Klage, König! Richte recht!

Alle Männer

Ha, schwerer Schuld zeiht Telramund!
Mit Grausen werd' ich der Klage kund!

Der König

Welch fürchterliche Klage sprichst du aus!
Wie wäre möglich solche große Schuld?

Friedrich

O Herr, traumselig ist die eitle Magd,
die meine Hand voll Hochmut von sich stieß.
Geheimer Buhlschaft klag' ich drum sie an:
Sie wähnte wohl, wenn sie des Bruders ledig,
dann könnte sie als Herrin von Brabant

mit Recht dem Lehnsmann ihre Hand verwehren

und offen des geheimen Buhlen pflegen.

Der König *(durch eine ernste Gebärde Friedrichs Eifer unterbrechend)*

Ruft die Beklagte her!

Beginnen soll nun das Gericht!

Gott laß mich weise sein!

Der Heerrufer *(schreitet feierlich in die Mitte)*

Soll hier nach Recht und Macht Gericht gehalten sein?

Der König *(hängt mit Feierlichkeit den Schild an der Eiche auf)*

Nicht eh'r soll bergen mich der Schild,

bis ich gerichtet streng und mild!

Alle Männer *(die Schwerter entblößend, welche die Sachsen und Thüringer vor sich in die Erde stoßen, die Brabanter flach vor sich niederstrecken.)*

Nicht eh'r zur Scheide kehr' das Schwert,

bis ihm durch Urteil Recht gewährt!

Der Heerrufer

Wo ihr des Königs Schild gewahrt,

dort Recht durch Urteil nun erfahrt!

Drum ruf ich klagend laut und hell:
Elsa, erscheine hier zur Stell'!

(Elsa tritt auf in einem weißen, sehr einfachen Gewande; sie verweilt eine Zeitlang im Hintergrunde, dann schreitet sie sehr langsam und mit großer Verschämtheit der Mitte des Vordergrundes zu; Frauen, sehr einfach weiß gekleidet, folgen ihr, diese bleiben aber zunächst im Hintergrunde an der äußersten Grenze des Gerichtskreises.)

Die Männer

Seht hin! Sie naht, die hart Beklagte!
Ha! Wie erscheint sie so licht und rein!
Der sie so schwer zu zeihen wagte,
wie sicher muß der Schuld er sein!

Der König

Bist du es, Elsa von Brabant?

(Elsa neigt das Haupt bejahend.)

Erkennst du mich als deinen Richter an?

(Elsa wendet ihr Haupt nach dem König, blickt ihm ins Auge und bejaht dann mit vertrauensvoller Gebärde.)

So frage ich weiter:

Ist die Klage dir bekannt,

die schwer hier wider dich erhoben?

(Elsa erblickt Friedrich und Ortrud, erbebt, neigt traurig das Haupt und bejaht.)

Was entgegnest du der Klage?

(Elsa durch eine Gebärde: „Nichts!“)

So bekennst du deine Schuld?

Elsa *(blickt eine Zeitlang traurig vor sich hin)*

Mein armer Bruder!

Alle Männer

Wie wunderbar! Welch seltsames Gebaren!

Der König

Sag, Elsa! Was hast du mir zu vertraun?

Elsa *(in ruhiger Verklärung vor sich hinblickend)*

Einsam in trüben Tagen

hab' ich zu Gott gefleht,

des Herzens tiefstes Klagen

ergoß ich im Gebet.

Da drang aus meinem Stöhnen

ein Laut so klagevoll,

der zu gewalt'gem Tönen

weit in die Lüfte schwoll:

Ich hört' ihn fernhin hallen,

bis kaum mein Ohr er traf;

mein Aug' ist zugefallen,

ich sank in süßen Schlaf.

Alle Männer

Wie sonderbar! Träumt sie? Ist sie entrückt?

Der König *(als wolle er Elsa aus dem Traume wecken)*

Elsa, verteid'ge dich vor dem Gericht!

(Elsas Mienen gehen von dem Ausdruck träumerischen Entrücktseins zu dem schwärmerischer Verklärung über.)

Elsa

In Lichter Waffen Scheine

ein Ritter nahte da,

so tugendlicher Reine

ich keinen noch ersah:

Ein golden Horn zur Hüften,

gelehnet auf sein Schwert –
so trat er aus den Lüften
zu mir, der Recke wert;
mit züchtigem Gebaren
gab Tröstung er mir ein;
des Ritters will ich wahren,
er soll mein Streiter sein!

Alle Männer

Bewahre uns des Himmels Huld,
daß klar wir sehen, wer hier schuld!

Der König

Friedrich, du ehrenwerter Mann,
bedenke wohl, wen klagst du an?

Friedrich

Mich irret nicht ihr träumerischer Mut;
ihr hört, sie schwärmt von einem Buhlen!
Wess' ich sie zeih', dess' hab' ich sichren Grund.
Glaubwürdig ward ihr Frevel mir bezeugt;
doch eurem Zweifel durch ein Zeugnis wehren,
das stünde wahrlich übel meinem Stolz!

Hier steh' ich, hier mein Schwert! Wer wagt von euch,

zu streiten wider meiner Ehre Preis!

Die Brabanter

Keiner von uns! Wir streiten nur für dich!

Friedrich

Und, König, du! Gedenkst du meiner Dienste,

wie ich im Kampf den wilden Dänen schlug?

Der König

Wie schlimm, ließ' ich von dir daran mich mahnen!

Gern geb' ich dir der höchsten Tugend Preis;

in keiner andern Hut, als in der deinen,

möcht' ich die Lande wissen. Gott allein

soll jetzt in dieser Sache noch entscheiden!

Alle Männer

Zum Gottesgericht!

Zum Gottesgericht!

Wohlan!

Der König

Dich frag' ich, Friedrich, Graf von Telramund!

Willst du durch Kampf auf Leben und auf Tod
im Gottesgericht vertreten deine Klage?

Friedrich

Ja!

Der König

Und dich nun frag' ich, Elsa von Brabant!
Willst du, daß hier auf Leben und auf Tod
im Gottesgericht ein Kämpe für dich streite?

Elsa *(ohne die Augen aufzuschlagen)*

Ja!

Der König

Wen wählest du zum Streiter?

Friedrich

Vernehmet jetzt
den Namen ihres Buhlen!

Die Brabanter

Merket auf!

Elsa *(hat Stellung und schwärmerische Miene nicht verlassen; alles blickt mit Gespanntheit auf sie)*

Des Ritters will ich wahren,
er soll mein Streiter sein!

(Ohne sich umzublicken.)

Hört, was dem Gottgesandten
ich biete für Gewähr:
In meines Vaters Landen
die Krone trage er;
mich glücklich soll ich preisen,
nimmt er mein Gut dahin –
will er Gemahl mich heißen,
geb' ich ihm, was ich bin!

Alle Männer *(unter sich)*

Ein schöner Preis, stünd' er in Gottes Hand!
Wer für ihn stritt', wohl setzt' er schweres Pfand!

Der König

Im Mittag hoch steht schon die Sonne:
So ist es Zeit, daß nun der Ruf ergeh'!

(Der Heerrufer tritt mit den vier Heerhornbläsern vor, die er, den vier Himmelsgegenden zugewendet, an die äußersten Grenzen des Gerichtskreises vorschreiten und so den Ruf blasen läßt.)

Der Heerrufer

Wer hier im Gotteskampf zu streiten kam
für Elsa von Brabant, der trete vor,
der trete vor!

(Langes Stillschweigen. Elsa, welche bisher in ununterbrochen ruhiger Haltung verweilt, zeigt entstehende Unruhe der Erwartung.)

Alle Männer

Ohn' Antwort ist der Ruf verhallt!

Friedrich *(auf Elsa deutend)*

Gewahrt, ob ich sie fälschlich schalt?

Alle Männer

Um ihre Sache steht es schlecht!

Friedrich

Auf meiner Seite bleibt das Recht!

Elsa *(etwas näher zum König tretend)*

Mein lieber König, laß dich bitten,
noch einen Ruf an meinen Ritter!
Wohl weilt er fern und hört' ihn nicht.

Der König *(zum Heerrufer)*

Noch einmal rufe zum Gericht!

(Auf das Zeichen des Heerrufers richten die Heerhornbläser sich wieder nach den vier Himmelsgegenden.)

Der Heerrufer

Wer hier im Gotteskampf zu streiten kam
für Elsa von Brabant, der trete vor,
der trete vor!

(Wiederum langes, gespanntes Stillschweigen.)

Alle Männer

In düstrem Schweigen richtet Gott!

(Elsa sinkt zu inbrünstigem Gebet auf die Knie. Die Frauen, in Besorgnis um ihre Herrin, treten etwas näher in den Vordergrund.)

Elsa

Du trugest zu ihm meine Klage,
zu mir trat er auf dein Gebot:
O Herr, nun meinem Ritter sage,
daß er mir helf in meiner Not!

Die Frauen *(auf die Knie sinkend)*

Herr! Sende Hilfe ihr!

Herr Gott! Höre uns!

Elsa

Laß mich ihn sehn, wie ich ihn sah,

(Mit freudig verklärter Miene.)

wie ich ihn sah, sei er mir nah!

(Die auf einer Erhöhung dem Ufer des Flusses zunächststehenden Männer gewahren zuerst die Ankunft Lohengrins, welcher in einem Nachen, von einem Schwan gezogen, auf dem Flusse in der Ferne sichtbar wird. Die vom Ufer entfernter stehenden Männer im Vordergrunde wenden sich zunächst ohne ihren Platz zu verlassen mit immer regerer Neugier fragend an die dem Ufer näher stehenden; sodann verlassen sie den Vordergrund, um selbst am Ufer nachzusehen.)

Die Männer

Seht! Seht! Welch ein seltsam Wunder! Wie? Ein Schwan?

Ein Schwan zieht einen Nachen dort heran!

Ein Ritter drin hoch aufgerichtet steht!

Wie glänzt sein Waffenschmuck! Das Aug' vergeht
vor solchem Glanz! Seht, näher kommt er schon heran!
An einer goldnen Kette zieht der Schwan!

(Auch die letzten eilen noch nach dem Hintergrunde; im Vordergrunde bleiben nur der König, Elsa, Friedrich, Ortrud und die Frauen. Von seinem erhöhten Platze aus überblickt der König alles; Friedrich und Ortrud sind durch Schreck und Staunen gefesselt; Elsa, die mit steigender Entzückung den Ausrufen der Männer gelauscht hat, verbleibt in der Mitte der Bühne; sie wagt gleichsam nicht, sich umzublicken. Die Männer stürzen in höchster Ergriffenheit wieder nach vorn.)

Ein Wunder! Ein Wunder!
Ein Wunder ist gekommen,
ein unerhörtes, nie gesehnes Wunder!
Ein Wunder! Ein Wunder! usw.

Die Frauen

Dank, du Herr und Gott, der die Schwache beschirmet!

Elsa *(hat sich umgewandt und schreit bei Lohengrins Anblick laut auf)*

Ha!

Alle Männer und Frauen

Sei gegrüßt, du gottgesandter Mann! *usw.*

(Der Nachen, vom Schwan gezogen, erreicht in der Mitte des Hintergrundes das Ufer; Lohengrin, in glänzender Silberrüstung, den Helm auf dem Haupte, den Schild im Rücken, ein kleines goldenes Horn zur Seite, steht, auf sein Schwert gelehnt, darin. Friedrich blickt in sprachlosem Entsetzen auf Lohengrin hin. Ortrud, die während des Gerichtes in kalter, stolzer Haltung verblieben, gerät beim Anblick des Schwans in tödlichen Schrecken. Sowie Lohengrin die erste Bewegung macht, den Kahn zu verlassen, tritt bei allen sogleich das gespannteste Stillschweigen ein.)

Lohengrin *(neigt sich zum Schwan)*

Nun sei bedankt, mein lieber Schwan!
Zieh durch die weite Flut zurück,
dahin, woher mich trug dein Kahn,
kehr wieder nur zu unsrem Glück!
Drum sei getreu dein Dienst getan!
Leb wohl, leb wohl, mein lieber Schwan!

(Der Schwan wendet langsam den Nachen und schwimmt den Fluß zurück. Lohengrin sieht ihm eine Weile wehmütig nach.)

Die Männer und Frauen

Wie faßt uns selig süßes Grauen!
Welch holde Macht hält uns gebannt!
Wie ist er schön und hehr zu schauen,
den solch ein Wunder trug ans Land!

(Lohengrin verläßt das Ufer und schreitet langsam und feierlich nach dem Vordergrund.)

Lohengrin *(verneigt sich vor dem König)*

Heil, König Heinrich! Segenvoll
mög' Gott bei deinem Schwerte stehn!
Ruhmreich und groß dein Name soll
von dieser Erde nie vergehn!

Der König

Hab Dank! Erkenn' ich recht die Macht,
die dich in dieses Land gebracht,
so nahst du uns von Gott gesandt?

Lohengrin

Zum Kampf für eine Magd zu stehn,

der schwere Klage angetan,
bin ich gesandt. Nun laßt mich sehn,
ob ich zu Recht sie treffe an.

(Er wendet sich etwas näher zu Elsa.)

So sprich denn, Elsa von Brabant:
Wenn ich zum Streiter dir ernannt,
willst du wohl ohne Bang' und Graun
dich meinem Schutze anvertraun?

Elsa *(die, seitdem sie Lohengrin erblickte, wie in Zauber regungslos festgebannt war, sinkt, wie durch seine Ansprache erweckt, in überwältigend wonnigem Gefühle zu seinen Füßen)*
Mein Held, mein Retter! Nimm mich hin;
dir geb' ich alles, was ich bin!

Lohengrin
Wenn ich im Kampfe für dich siege,
willst du, daß ich dein Gatte sei?

Elsa
Wie ich zu deinen Füßen liege,
geb' ich dir Leib und Seele frei.

Lohengrin

Elsa, soll ich dein Gatte heißen,
soll Land und Leut' ich schirmen dir,
soll nichts mich wieder von dir reißen,
mußt eines du geloben mir:
Nie sollst du mich befragen,
noch Wissens Sorge tragen,
woher ich kam der Fahrt,
noch wie mein Nam' und Art!

Elsa *(fast bewußtlos)*

Nie, Herr, soll mir die Frage kommen!

Lohengrin

Elsa! Hast du mich wohl vernommen?
Nie sollst du mich befragen,
noch Wissens Sorge tragen,
woher ich kam der Fahrt,
noch wie mein Nam' und Art!

Elsa *(mit großer Innigkeit zu ihm aufblickend)*

Mein Schirm! Mein Engel! Mein Erlöser,
der fest an meine Unschuld glaubt!

Wie gäb' es Zweifels Schuld, die größer,
als die an dich den Glauben raubt?
Wie du mich schirmst in meiner Not,
so halt' in Treu' ich dein Gebot!

Lohengrin *(ergriffen und entzückt sie an seine Brust erhebend)*

Elsa! Ich liebe dich!

(Beide verweilen eine Zeitlang in der angenommenen Stellung.)

Die Männer und Frauen

Welch holde Wunder muß ich sehen?
Ist's Zauber, der mir angetan?
Ich fühl' das Herze mir vergehen,
schau' ich den hehren, wonnevollen Mann!

Lohengrin *(geleitet Elsa zum König und übergibt sie dessen Hut, dann schreitet er feierlich in die Mitte des Kreises)*

Nun hört! Euch, Volk und Edlen, mach' ich kund:
Frei aller Schuld ist Elsa von Brabant!
Daß falsch dein Klagen, Graf von Telramund,
durch Gottes Urteil werd' es dir bekannt!

Brabantische Edle *(erst einige, dann immer mehrere, heimlich zu Friedrich)*

Steh ab vom Kampf! Wenn du ihn wagst,
zu siegen nimmer du vermagst!
Ist er von höchster Macht geschützt,
sag, was dein tapfres Schwert dir nützt?
Steh ab! Wir mahnen dich in Treu'!
Dein harret Unsieg, bittre Reu'!

Friedrich *(der bisher unverwandt und forschend sein Auge auf Lohengrin geheftet, mit leidenschaftlich schwankendem und endlich sich entscheidendem inneren Kampfe)*
Viel lieber tot als feig!
Welch Zaubern dich auch hergeführt,
Fremdling, der mir so kühn erscheint,
dein stolzes Drohn mich nimmer rührt,
da ich zu lügen nie vermeint.
Den Kampf mit dir drum nehm' ich auf
und hoffe Sieg nach Rechtes Lauf!

Lohengrin

Nun, König, ordne unsern Kampf!

(Alles begibt sich in die erste Gerichtsstellung.)

Der König

So tretet vor, zu drei für jeden Kämpfer,

und messet wohl den Ring zum Streite ab!

(Drei sächsische Edle treten für Lohengrin, drei brabantische für Friedrich vor, sie messen mit feierlichen Schritten den Kampfplatz aus und stecken ihn, einen vollständigen Ring bildend, durch ihre Speere ab.)

Der Heerrufer *(in der Mitte des Kampfringes)*

Nun höret mich und achtet wohl:

Den Kampf hier keiner stören soll!

Dem Hage bleibet abgewandt,

denn wer nicht wahrt des Friedens Recht,

der Freie büß' es mit der Hand,

mit seinem Haupte büß' es der Knecht!

Alle Männer

Der Freie büß' es mit der Hand,

mit seinem Haupte büß' es der Knecht!

Der Heerrufer *(zu Lohengrin und Friedrich)*

Hört auch, ihr Streiter vor Gericht!

Gewahrt in Treue Kampfes Pflicht!

Durch bösen Zaubers List und Trug
stört nicht des Urteils Eigenschaft!
Gott richtet euch nach Recht und Fug,
so trauet ihm, nicht eurer Kraft!

Lohengrin und Friedrich *(zu beiden Seiten außerhalb des Kampfkreises stehend)*
Gott richte mich nach Recht und Fug,
so trau' ich ihm, nicht meiner Kraft!

Der König *(mit großer Feierlichkeit in die Mitte vorschreitend)*
Mein Herr und Gott, nun ruf ich dich,

(Alle entblößen das Haupt und lassen sich zur feierlichsten Andacht an.)

daß du dem Kampf zugegen seist!
Durch Schwertes Sieg ein Urteil sprich,
das Trug und Wahrheit klar erweist!
Des Reinen Arm gib Heldenkraft,
des Falschen Stärke sei erschlafft!
So hilf uns, Gott, zu dieser Frist,
weil unsre Weisheit Einfalt ist!

Elsa und Lohengrin

Du kündest nun dein wahr Gericht,
mein Gott und Herr, drum zag' ich nicht! *usw.*

Ortrud

Ich baue fest auf seine Kraft,
die, wo er kämpft, ihm Sieg verschafft! *usw.*

Friedrich

Ich geh' in Treu vor dein Gericht!
Herr Gott, nun verlaß mein' Ehre nicht!

Der König

Mein Herr und Gott, dich rufe ich! *usw.*
So künde nun dein wahr Gericht!
Mein Herr und Gott, nun zögre nicht!

Der Heerrufer und alle Männer

Des Reinen Arm gib Heldenkraft *usw.*
So künde nun dein wahr' Gericht,
du Herr und Gott, nun zögre nicht!

Die Frauen

Segne ihn! Herr, mein Gott! Segne ihn!

(Alle treten unter großer feierlicher Aufmerksamkeit an ihre Plätze zurück. Die sechs Kampfzeugen bleiben bei ihren Speeren dem Ringe zunächst, die übrigen Männer stellen sich in geringerer Weite um ihn her. Elsa und die Frauen im Vordergrund unter der Eiche beim König. Auf des Heerrufers Zeichen blasen die Heerhornbläser den Kampfruf. Lohengrin und Friedrich vollenden ihre Waffenrüstung. Der König zieht sein Schwert und schlägt damit dreimal an den an der Eiche aufgehängten Schild. Beim ersten Schlage nehmen Lohengrin und Friedrich die Kampfstellung ein; beim zweiten ziehen sie die Schwerter und legen sich aus; beim dritten Schlage beginnen sie den Kampf. Lohengrin greift zuerst an. Nach mehreren ungestümen Gängen streckt er mit einem weitausgeholten Streiche seinen Gegner zu Boden. Friedrich versucht sich wieder zu erheben, taumelt einige Schritte zurück und stürzt zu Boden. Mit Friedrichs Fall ziehen die Sachsen und Thüringer ihre Schwerter aus der Erde, die Brabanter nehmen die ihrigen auf.)

Lohengrin *(das Schwert auf Friedrichs Hals setzend)*

Durch Gottes Sieg ist jetzt dein Leben mein:

(Von ihm ablassend.)

Ich schenk' es dir, mögst du der Reu' es weihn!

(Der König nimmt seinen Schild von der Eiche. Alle Männer stoßen ihre Schwerter in die Scheiden. Die Kampfzeugen ziehen die Speere aus der Erde. Jubelnd brechen alle Edlen und Männer in den vorherigen Kampfkreis, so daß dieser von der Masse dicht erfüllt wird.)

Alle Männer und Frauen

Sieg! Sieg! Sieg!
Heil! Heil dir, Heil!

Der König *(sein Schwert ebenfalls in die Scheide stoßend)*

Sieg! Sieg!

Elsa

O fänd' ich Jubelweisen,
deinem Ruhme gleich,
dich würdig zu preisen,
an höchstem Lobe reich!
In dir muß ich vergehen,
vor dir schwind' ich dahin,

soll ich mich selig sehen,

nimm alles, was ich bin!

(Der König führt Elsa Lohengrin zu, sie sinkt an Lohengrins Brust.)

Der König und die Männer

Ertöne, Siegesweise,

dem Helden laut zum höchsten Preise!

Ruhm deiner Fahrt!

Preis deinem Kommen!

Heil deiner Art,

Schützer der Frommen!

Du hast gewahrt

das Recht der Frommen,

Preis deinem Kommen,

Heil deiner Art!

Dich nur besingen wir,

dir schallen unsre Lieder!

Nie kehrt ein Held gleich dir

zu diesen Landen wieder!

Ortrud *(die Friedrichs Fall mit Wut gesehen, den finsteren Blick unverwandt auf Lohengrin geheftet)*

Wer ist's, der ihn geschlagen,

durch den ich machtlos bin?

Der König

Preis deiner Fahrt!

Heil deiner Art!

Lohengrin *(Elsa von seiner Brust erhebend)*

Den Sieg hab' ich erstritten

durch deine Rein' allein;

nun soll, was du gelitten,

dir reich vergolten sein! *usw.*

Die Frauen

Wo fänd' ich Jubelweisen,

seinem Ruhme gleich,

ihn würdig zu preisen,

an höchstem Lobe reich!

Du hast gewahrt *usw.*

Alle Männer

Du hast gewahrt *usw.*

Elsa

O fänd' ich Jubelweisen *usw.*

Der König

Heil sei deiner Fahrt *usw.*

Ortrud

Wer ist's, der ihn geschlagen *usw.*
Sollt' ich vor ihm verzagen,
wär' all mein Hoffen hin? *usw.*

Friedrich *(sich am Boden qualvoll windend)*
Weh, mich hat Gott geschlagen,
durch ihn ich sieglos bin!
Am Heil muß ich verzagen,
mein Ruhm und Ehr' ist hin! *usw.*

(Friedrich sinkt zu Ortruds Füßen ohnmächtig zusammen. Junge Sachsen erheben Lohengrin auf seinen Schild und Brabanter Elsa auf den Schild des Königs, auf welchen zuvor mehrere ihre Mäntel ausgebreitet haben; so werden beide unter Jauchzen davongetragen.)

Zweiter Akt

In der Burg von Antwerpen. In der Mitte des Hintergrundes der Palas (Ritterwohnung), links im Vordergrunde die Kemenate (Frauenwohnung); rechts im Vordergrunde die Pforte des Münsters;

ebenda im Hintergrunde das Turmtor. Es ist Nacht. Die Fenster des Palas sind hell erleuchtet; aus dem Palas hört man jubelnde Musik, Hörner und Posaunen klingen lustig daraus her.

(Auf den Stufen zur Münsterpforte sitzen Friedrich und Ortrud, beide in düsterer, ärmlicher Kleidung. Ortrud, die Arme auf die Knie gestützt, heftet unverwandt ihr Auge auf die leuchtenden Fenster des Palas; Friedrich blickt finster zur Erde.)

Friedrich *(erhebt sich rasch)*
Erhebe dich, Genossin meiner Schmach!
Der junge Tag darf hier uns nicht mehr sehn.

Ortrud *(ohne ihre Stellung zu ändern)*
Ich kann nicht fort, hierher bin ich gebannt.
Aus diesem Glanz des Festes unsrer Feinde
laß saugen mich ein furchtbar tödlich Gift,
das unsre Schmach und ihre Freuden ende!

Friedrich *(finster vor Ortrud hintretend)*
Du fürchterliches Weib, was bannt mich noch
in deine Nähe? Warum laß ich dich nicht
allein und fliehe fort, dahin, dahin,
wo mein Gewissen Ruhe wieder fänd'!

Durch dich mußt' ich verlieren
mein' Ehr, all meinen Ruhm;
nie soll mich Lob mehr zieren,
Schmach ist mein Heldentum!
Die Acht ist mir gesprochen,
zertrümmert liegt mein Schwert,
mein Wappen ward zerbrochen,
verflucht mein Vaterherd!
Wohin ich nun mich wende,
geflohn, gefemt bin ich;
daß ihn mein Blick nicht schände,
flieht selbst der Räuber mich!
Durch dich mußt' ich verlieren *usw.*
O hätt' ich Tod erkoren, da ich so elend bin!
Mein Ehr' hab' ich verloren,
mein Ehr', mein Ehr' ist hin!

(Er stürzt, von Schmerz überwältigt, zu Boden. Musik aus dem Palas.)

Ortrud *(immer in ihrer ersten Stellung, während Friedrich sich erhebt)*

Was macht dich in so wilder Klage doch vergehn?

Friedrich

Daß mir die Waffe selbst geraubt,

(Mit einer heftigen Bewegung gegen Ortrud.)

mit der ich dich erschlüg'!

Ortrud

Friedreicher Graf von Telramund!
Weshalb mißtraust du mir?

Friedrich

Du fragst? War's nicht dein Zeugnis, deine Kunde,
die mich bestrickt, die Reine zu verklagen?
Die du im düstren Wald zu Haus, logst du
mir nicht, von deinem wilden Schlosse aus
die Untat habest du verüben sehn
mit eignem Aug', wie Elsa selbst den Bruder
im Weiher dort ertränkt? Umstricktest du
mein stolzes Herz durch die Weissagung nicht,
bald würde Radbods alter Fürstenstamm

von neuem grünen und herrschen in Brabant?

Bewogst du so mich nicht, von Elsas Hand,

der Reinen, abzustehn und dich zum Weib

zu nehmen, weil du Radbods letzter Sproß?

Ortrud *(leise, doch grimmig)*

Ha, wie tödlich du mich kränkst!

(Laut.)

Dies alles, ja, ich sagt' und zeugt' es dir!

Friedrich

Und machtest mich, dess' Name hochgeehrt,

dess' Leben aller höchsten Tugend Preis,

zu deiner Lüge schändlichem Genossen?

Ortrud

Wer log?

Friedrich

Du! Hat nicht durch sein Gericht

Gott mich dafür geschlagen?

Ortrud

Gott?

Friedrich

Entsetzlich!

Wie tönt aus deinem Munde furchtbar der Name!

Ortrud

Ha, nennst du deine Feigheit Gott?

Friedrich

Ortrud!

Ortrud

Willst du mir drohn? Mir, einem Weibe drohn?

O Feiger! Hättest du so grimmig ihm

gedroht, der jetzt dich in das Elend schickt,

wohl hättest Sieg für Schande du erkauft!

Ha, wer ihm zu entgegnen wüßt, der fänd'

ihn schwächer als ein Kind!

Friedrich

Je schwächer er,

desto gewalt'ger kämpfte Gottes Kraft!

Ortrud

Gottes Kraft? Ha, ha!

Gib mir die Macht, und sicher zeig' ich dir,

welch schwacher Gott es ist, der ihn beschützt.

Friedrich *(von Schauer ergriffen)*

Du wilde Seherin, wie willst du doch

geheimnisvoll den Geist mir neu berücken?

Ortrud *(auf den Palas deutend, in dem das Licht verlöscht ist)*

Die Schwelger streckten sich zur üpp'gen Ruh'.

Setz dich zur Seite mir! Die Stund' ist da,

wo dir mein Seherauge leuchten soll!

(Während des Folgenden nähert sich Friedrich, wie unheimlich von ihr angezogen, Ortrud immer mehr und neigt sein Ohr aufmerksam zu ihr herab.)

Weißt du, wer dieser Held, den hier

ein Schwan gezogen an das Land?

Friedrich

Nein!

Ortrud

Was gäbst du doch, es zu erfahren,

wenn ich dir sag': Ist er gezwungen,

zu nennen, wie sein Nam' und Art,
all seine Macht zu Ende ist,
die mühvoll ihm ein Zauber leiht?

Friedrich

Ha! Dann begriff ich sein Verbot!

Ortrud

Nun hör! Niemand hier hat Gewalt,
ihm das Geheimnis zu entreißen,
als die, der er so streng verbot,
die Frage je an ihn zu tun.

Friedrich

So gält' es, Elsa zu verleiten,
daß sie die Frag' ihm nicht erließ'?

Ortrud

Ha, wie begreifst du schnell und wohl!

Friedrich

Doch wie soll das gelingen?

Ortrud

Hör!

Vor allem gilt's, von hinnen nicht
zu fliehn; drum schärfe deinen Witz!
Gerechten Argwohn ihr zu wecken,
tritt vor, klag ihn des Zaubers an,
mit dem er das Gericht getäuscht!

Friedrich

Ha! Trug und Zaubers List!

Ortrud

Mißglückt's,
so bleibt ein Mittel der Gewalt!

Friedrich

Gewalt?

Ortrud

Umsonst nicht bin ich in
geheimsten Künsten tief erfahren;
drum achte wohl, was ich dir sage!
Jed' Wesen, das durch Zauber stark,
wird ihm des Leibes kleinstes Glied
entrissen nur, muß sich alsbald
ohnmächtig zeigen, wie es ist.

Friedrich

Ha, sprächst du wahr!

Ortrud

O hättest du
im Kampf nur einen Finger ihm,
ja, eines Fingers Glied entschlagen,
der Held – er war in deiner Macht!

Friedrich

Entsetzlich! Ha, was lässest du mich hören!
Durch Gott geschlagen wähnt' ich mich:
Nun ließ durch Trug sich das Gericht betören,
durch Zaubers List verlor mein' Ehre ich!
Doch meine Schande könnt' ich rächen,
bezeugen könnt' ich meine Treu'?
Des Buhlen Trug, ich könnt' ihn brechen,
und meine Ehr' gewänn' ich neu?
O Weib, das in der Nacht ich vor mir seh',
betrügst du jetzt mich noch, dann weh dir! Weh!

Ortrud

Ha, wie du rasest! Ruhig und besonnen!

So lehr' ich dich der Rache süße Wonnen!

(Friedrich setzt sich langsam an Ortruds Seite auf die Stufen nieder)

Ortrud und Friedrich

Der Rache Werk sei nun beschworen

aus meines Busens wilder Nacht!

Die ihr in süßem Schlaf verloren,

wißt, daß für euch das Unheil wacht!

(Elsa, in weißem Gewande, erscheint auf dem Söller; sie tritt an die Brüstung und lehnt den Kopf auf die Hand.)

Elsa

Euch Lüften, die mein Klagen

so traurig oft erfüllt,

euch muß ich dankend sagen,

wie sich mein Glück enthüllt!

Ortrud

Sie ist es!

Friedrich

Elsa!

Elsa

Durch euch kam er gezogen,
ihr lächeltet der Fahrt,
auf wilden Meereswogen
habt ihr ihn treu bewahrt.

Ortrud

Der Stunde soll sie fluchen,
in der sie jetzt mein Blick gewahrt!

Elsa

Zu trocknen meine Zähren
hab' ich euch oft gemüht;
wollt Kühlung nun gewähren
der Wang', in Lieb' erglüht!

Ortrud *(zu Friedrich)*

Hinweg! Entfern' ein kleines dich von hier!

Friedrich

Warum?

Ortrud

Sie ist für mich – ihr Held gehöre dir!

(Friedrich entfernt sich und verschwindet im Hintergrunde.)

Elsa

Wollt Kühlung nur gewähren
der Wang', in Lieb' erglüht!
In Liebe!

Ortrud *(in ihrer bisherigen Stellung verbleibend)*

Elsa!

Elsa

Wer ruft? Wie schauerlich und klagend
ertönt mein Name durch die Nacht?

Ortrud

Elsa!
Ist meine Stimme dir so fremd?
Willst du die Arme ganz verleugnen,
die du ins fernste Elend schickst?

Elsa

Ortrud! Bist du's? Was machst du hier, unglücklich Weib?

Ortrud

„Unglücklich Weib!“
Wohl hast du recht, so mich zu nennen!
In ferner Einsamkeit des Waldes,
wo still und friedsam ich gelebt,
was tat ich dir? Was tat ich dir?
Freudlos, das Unglück nur beweinend,
das lang belastet meinen Stamm,
was tat ich dir? Was tat ich dir?

Elsa

Um Gott, was klagest du mich an?
War ich es, die dir Leid gebracht?

Ortrud

Wie könntest du fürwahr mir neiden
das Glück, daß mich zum Weib erwählt
der Mann, den du so gern verschmäht?

Elsa

Allgüt'ger Gott! Was soll mir das?

Ortrud

Mußt' ihn unsel'ger Wahn betören,

dich Reine einer Schuld zu zeihn –
von Reu' ist nun sein Herz zerrissen,
zu grimmer Buß' ist er verdammt.

Elsa

Gerechter Gott!

Ortrud

Oh, du bist glücklich!
Nach kurzem, unschuldsüßem Leiden
siehst lächeln du das Leben nur;
von mir darfst selig du dich scheiden,
mich schickst du auf des Todes Spur,
daß meines Jammers trüber Schein
nie kehr' in deine Feste ein!

Elsa

Wie schlecht ich deine Güte priese,
Allmächt'ger, der mich so beglückt,
wenn ich das Unglück von mir stieße,
das sich im Staube vor mir bückt!
O nimmer! Ortrud! Harre mein!
Ich selber laß dich zu mir ein!

(Sie eilt in die Kemenate zurück).

Ortrud *(springt in wilder Begeisterung von den Stufen auf)*

Entweihte Götter! Helft jetzt meiner Rache!

Bestraft die Schmach, die hier euch angetan!

Stärkt mich im Dienste eurer heil'gen Sache!

Vernichtet der Abtrünn'gen schnöden Wahn!

Wodan! Dich Starken rufe ich!

Freia! Erhabne, höre mich!

Segnet mir Trug und Heuchelei,

daß glücklich meine Rache sei!

Elsa *(noch außerhalb)*

Ortrud, wo bist du?

(Elsa und zwei Mägde mit Lichtern treten aus der unteren Tür der Kemenate.)

Ortrud *(sich demütigend vor Elsa niederwerfend)*

Hier zu deinen Füßen.

Elsa *(bei Ortruds Anblick erschreckt zurücktretend)*

Hilf Gott! So muß ich dich erblicken,

die ich in Stolz und Pracht nur sah!

Es will das Herze mir ersticken,

seh' ich so niedrig dich mir nah!
Steh auf! O spare mir dein Bitten!
Trugst du mir Haß, verzieh ich dir;
was du schon jetzt durch mich gelitten,
das, bitte ich, verzeih auch mir!

Ortrud

O habe Dank für so viel Güte!

Elsa

Der morgen nun mein Gatte heißt,
anfleh' ich sein liebreich Gemüte,
daß Friedrich auch er Gnad' erweist.

Ortrud

Du fesselst mich in Dankes Banden!

Elsa

In Frühn laß mich bereit dich sehn –
geschmückt mit prächtigen Gewanden
sollst du mit mir zum Münster gehn:
Dort harre ich des Helden mein,
vor Gott sein Eh'gemahl zu sein!
Sein Eh'gemahl!

Ortrud

Wie kann ich solche Huld dir lohnen,
da machtlos ich und elend bin?
Soll ich in Gnaden bei dir wohnen,
stets bleibe ich die Bettlerin!

(Immer näher zu Elsa tretend.)

Nur eine Kraft ist mir geblieben,
sie raubte mir kein Machtgebot;
durch sie vielleicht schütz' ich dein Leben,
bewahr' es vor der Reue Not!

Elsa

Wie meinst du?

Ortrud

Wohl, daß ich dich warne,
zu blind nicht deinem Glück zu traun;
daß nicht ein Unheil dich umgarne,
laß mich für dich zur Zukunft schaun.

Elsa

Welch Unheil?

Ortrud

Könntest du erfassen,

wie dessen Art so wundersam,

der nie dich möge so verlassen,

wie er durch Zauber zu dir kam!

Elsa *(von Grausen erfaßt, wendet sich unwillig ab; voll Trauer und Mitleid wendet sie sich dann wieder zu Ortrud)*

Du Ärmste kannst wohl nie ermessen,

wie zweifellos ein Herze liebt?

Du hast wohl nie das Glück besessen,

das sich uns nur durch Glauben gibt?

Kehr bei mir ein! Laß mich dich lehren,

wie süß die Wonne reinster Treu'!

Laß zu dem Glauben dich bekehren:

Es gibt ein Glück, das ohne Reu'!

Ortrud *(für sich)*

Ha! Dieser Stolz,

er soll mich lehren,

wie ich bekämpfe ihre Treu'!

Gen ihn will ich die Waffen kehren,
durch ihren Hochmut werd' ihr Reu'! *usw.*

Elsa

Laß mich dich lehren,
wie süß die Wonne reinster Treu *usw.*

(Ortrud tritt, von Elsa geleitet, mit heuchlerischem Zögern durch die kleine Pforte ein; die Mägde leuchten voran und schließen; nachdem alle eingetreten. Erstes Tagesgrauen.)

Friedrich *(tritt aus dem Hintergrunde vor)*

So zieht das Unheil in dies Haus!
Vollführe, Weib, was deine List ersonnen;
dein Werk zu hemmen fühl' ich keine Macht!
Das Unheil hat mit meinem Fall begonnen,
nun stürzet nach, die mich dahin gebracht!
Nur *eines* seh' ich mahnend vor mir stehn:
Der Räuber meiner Ehre soll vergehn!

(Nachdem er den Ort erspäht, der ihn vor dem Zulaufe des Volkes am günstigsten verbergen könnte, tritt er hinter einen Mauervorsprung des Münsters.)

(Allmählicher Tagesanbruch. Zwei Wächter blasen vom Turm das Morgenlied; von einem entfernteren Turme hört man antworten.)

(Während die Türmer herabsteigen und das Tor erschließen, treten aus verschiedenen Richtungen der Burg Dienstmannen auf, begrüßen sie, gehen ruhen an ihre Verrichtungen usw. Einige schöpfen am Brunnen in metallenen Gefäßen Wasser, klopfen an die Pforte des Palas und werden damit eingelassen.)

(Die Pforte des Palas öffnet sich von neuem, die vier Heerhornbläser des Königs schreiten heraus und blasen den Ruf, dann treten sie wieder in den Palas zurück. Die Dienstmannen haben die Bühne verlassen.)

(Aus dem Burghofe und durch das Turmtor kommen nun immer zahlreicher brabantische Edle und Mannen vor dem Münster zusammen; sie begrüßen sich in heiterer Erregtheit.)

Die Edlen und Mannen

In Frühn versammelt uns der Ruf,

gar viel verheißet wohl der Tag!

Der hier so hehre Wunder schuf,

manch neue Tat vollbringen mag!

In Frühn versammelt uns der Ruf *usw.*

(Der Heerrufer schreitet aus dem Palas auf die Erhöhung vor dessen Pforte heraus, die vier Heerhornbläser ihm voran. Der Königsruf wird wiederum geblasen; alle wenden sich in lebhafter Erwartung dem Hintergrunde zu)

Der Heerrufer

Des Königs Wort und Will' tu' ich euch kund:
drum achtet wohl, was euch durch mich er sagt!
In Bann und Acht ist Friedrich Telramund,
weil untreu er den Gotteskampf gewagt.
Wer sein noch pflegt, wer sich zu ihm gesellt,
nach Reiches Recht derselben Acht verfällt.

Die Männer

Fluch ihm, dem Ungetreuen,
den Gottes Urteil traf!
Ihn soll der Reine scheuen,
es flieh' ihn Ruh' und Schlaf!
Fluch ihm, dem Ungetreuen!

(Beim Rufe der Heerhörner sammelt sich das Volk schnell wieder zur Aufmerksamkeit.)

Der Heerrufer

Und weiter kündet euch der König an,
daß er den fremden, gottgesandten Mann,
den Elsa zum Gemahle sich ersehnt,
mit Land und Krone von Brabant belehnt.
Doch will der Held nicht Herzog sein genannt –
ihr sollt ihn heißen: Schützer von Brabant!

Die Männer

Hoch der ersehnte Mann!
Heil ihm, den Gott gesandt!
Treu sind wir untertan
dem Schützer von Brabant!
Hoch der ersehnte Mann *usw.*.
Heil ihm! Heil dem Schützer von Brabant!

(Neuer Ruf der Heerhornbläser.)

Der Heerrufer

Nun hört, was er durch mich euch sagen läßt:
Heut feiert er mit euch sein Hochzeitfest;

doch morgen sollt ihr kampfgerüstet nahn,
zur Heeresfolg' dem König untertan;
er selbst verschmäht der süßen Ruh' zu pflegen,
er führt euch an zu hehren Ruhmes Segen!

(Er geht mit den vier Heerhornbläsern in den Palas zurück.)

Die Männer

Zum Streite säumet nicht,
führt euch der Hehre an!
Wer mutig mit ihm ficht,
dem lacht des Ruhmes Bahn!
Auf! säumt zu streiten nicht,
führt euch der Hehre an!
Gott hat ihn gesandt
zur Größe von Brabant!
Von Gott ist er gesandt
zur Größe von Brabant!
Wer mutig mit ihn ficht *usw.*
Von Gott ist er gesandt!

(Während das Volk freudig durcheinander wogt, treten im Vordergrunde vier Edle, Friedrichs sonstige Lehensmannen, zusammen.)

Der dritte Edle

Nun hört, dem Lande will er uns entführen!

Der zweite Edle

Gen einen Feind, der uns noch nie bedroht?

Der vierte Edle

Solch kühn Beginnen solle ihm nicht gebühren!

Der erste Edle

Wer wehret ihm, wenn er die Fahrt gebot?

Friedrich *(ist unbemerkt unter sie getreten)*

Ich!

(Er enthüllt sein Haupt.)

Die vier Edlen *(fahren entsetzt zurück)*

Ha! Wer bist du? – Friedrich!

Der vierte Edle

Seh' ich recht?

Der erste, zweite und dritte Edle

Du wagst dich her, zur Beute jedem Knecht?

Der vierte Edle

Hier wagst du dich her?

Friedrich

Gar bald will ich wohl weiter noch mich wagen,
vor euren Augen soll es leuchtend tagen!
Der euch so kühn die Heerfahrt angesagt,
der sei von mir des Gottestrugs beklagt!

Die vier Edlen

War hör' ich? Rasender! Was hast du vor?
Weh dir! Verlorner du, hört dich des Volkes Ohr!

(Sie drängen ihn nach dem Münster, wo sie ihn vor dem Blicke des Volkes zu verbergen suchen.)

(Vier Edelknaben treten aus der Tür der Kemenate auf den Söller, laufen munter den Hauptweg hinab und stellen sich vor dem Palas auf der Höhe auf. Das Volk, das die Knaben gewahrt, drängt sich mehr nach dem Vordergrunde.)

Edelknaben

Macht Platz!

Macht Platz für Elsa, unsre Frau:

Die will in Gott zum Münster gehn.

(Sie schreiten nach vorn, indem sie durch die willig zurückweichenden Edlen eine breite Gasse bis zu den Stufen des Münsters bilden, wo sie dann sich selbst aufstellen.)

(Vier andere Edelknaben treten gemessen und feierlich aus der Tür der Kemenate auf den Söller und stellen sich daselbst auf, um den Zug der Frauen, den sie erwarten, zu geleiten.)

(Ein langer Zug von Frauen in prächtigen Gewändern schreitet langsam aus der Pforte der Kemenate auf den Söller; er wendet sich links auf dem Hauptwege am Palas vorbei und von da wieder nach vorn dem Münster zu, auf dessen Stufen die zuerst Gekommenen sich aufstellen.)

Die Edlen und Mannen *(während des Aufzugs)*

Gesegnet soll sie schreiten,

die lang in Demut litt!

Gott möge sie geleiten,

Gott hüte ihren Schritt!

(Die Edlen, die unwillkürlich die Gasse wieder vertreten hatten, weichen vor den Edelknaben aufs neue zurück, welche dem Zuge, da er bereits vor dem Palas angekommen ist, Bahn machen. Elsa ist, prächtig geschmückt, im Zuge aufgetreten und auf der Erhöhung vor dem Palas angelangt; die Gasse ist wieder offen, alle können Elsa sehen, welche eine Zeitlang verweilt.)

Sie naht, die Engelgleiche,
von keuscher Glut entbrannt!

(Elsa schreitet aus dem Hintergrunde langsam nach vorn durch die Gasse der Männer.)

Heil dir, o Tugendreiche!
Heil dir, Elsa von Brabant!
Gesegnet sollst du schreiten!
Heil dir *usw.*

Die Frauen

Heil dir *usw.*

(Außer den Edelknaben sind auch die vordersten Frauen bereits auf der Treppe des Münsters angelangt, wo sie sich aufstellen, um Elsa den Vortritt in die Kirche zu lassen; unter den Frauen,

welche ihr noch folgen und den Zug schließen, geht Ortrud, ebenfalls reich gekleidet; die Frauen, die dieser zunächst gehen, halten sich voll Scheu und wenig verhaltenem Unwillen von ihr entfernt, so daß sie sehr einzeln erscheint: In ihren Mienen drückt sich immer steigender Ingrimm aus. Als Elsa unter dem lauten Zurufe des Volkes eben den Fuß auf die erste Stufe zum Münster setzen will, tritt Ortrud heftig hervor, schreitet auf Elsa zu, stellt sich auf derselben Stufe ihr entgegen und zwingt sie so, vor ihr wieder zurückzutreten.)

Ortrud

Zurück, Elsa! Nicht länger will ich dulden,
daß ich gleich einer Magd dir folgen soll!
Den Vortritt sollst du überall mir schulden,
vor mir dich beugen sollst du demutsvoll!

Die Edelknaben und die Männer

Was will das Weib? Zurück!

(Sie drängen Ortrud nach der Mitte der Bühne zurück.)

Elsa

Um Gott! Was muß ich sehn?
Welch jäher Wechsel ist mit dir geschehn?

Ortrud

Weil eine Stund' ich meines Werts vergessen,
glaubst du, ich müßte dir nur kriechend nahn?
Mein Leid zu rächen will ich mich vermessen,
was mir gebührt, das will ich nun empfahn!

(Lebhaftes Staunen und Bewegung aller.)

Elsa

Weh, ließ ich durch dein Heucheln mich verleiten,
die diese Nacht sich jammernd zu mir stahl?
Wie willst du nun in Hochmut vor mir schreiten,
du, eines Gottgerichteten Gemahl?

Ortrud *(mit dem Anschein tiefer Gekränktheit)*

Wenn falsch Gericht mir den Gemahl verbannte,
war doch sein Nam' im Lande hoch geehrt;
als aller Tugend Preis man ihn nur nannte,
gekannt, gefürchtet war sein tapfres Schwert.
Der deine, sag, wer sollte hier ihn kennen,
vermagst du selbst den Namen nicht zu nennen!

Die Männer

Was sagt sie? Ha, was tut sie kund?

Die Frauen und Knaben

Sie lästert!

Die Männer

Wehret ihrem Mund!

Ortrud

Kannst du ihn nennen, kannst du uns es sagen,
ob sein Geschlecht, sein Adel wohl bewährt?
Woher die Fluten ihn zu dir getragen,
wann und wohin er wieder von dir fährt?
Ha, nein! Wohl brächte es ihm schlimme Not –
der kluge Held die Frage drum verbot!

Männer, Frauen und Knaben

Ha, spricht sie wahr? Welch schwere Klagen!
Sie schmähet ihn! Darf sie es wagen?

Elsa *(nach großer Betroffenheit sich ermannend)*

Du Lästerin! Ruchlose Frau!
Hör, ob ich Antwort mir getrau'!
So rein und edel ist sein Wesen,
so tugendreich der hehre Mann,

daß nie des Unheils soll genesen,
wer seiner Sendung zweifeln kann!

Die Männer

Gewiß! Gewiß!

Elsa

Hat nicht durch Gott im Kampf geschlagen
mein teurer Held den Gatten dein?

(Zum Volke.)

Nun sollt nach Recht ihr alle sagen,
wer kann da nur der Reine sein?

Die Männer

Nur er! Nur er!
Dein Held allein!

Die Frauen und Knaben

Dein Held allein!

Ortrud

Ha, diese Reine deines Helden,
wie wäre sie so bald getrübt,
müßt' er des Zaubers Wesen melden,

durch den hier solche Macht er übt!
Wagst du ihn nicht darum zu fragen,
so glauben alle wir mit Recht,
du müßtest selbst in Sorge zagen,
um seine Reine steh' es schlecht!

Die Frauen *(Elsa unterstützend)*

Helft ihr vor der Verruchten Haß!

(Der Palas wird geöffnet, die vier Heerhornbläser schreiten heraus und blasen.)

Die Männer *(dem Hintergrunde zu blickend)*

Macht Platz! Macht Platz! Der König naht!

(Der König, Lohengrin und die sächsischen Grafen und Edlen sind in feierlichem Zuge aus dem Palas getreten; durch die Verwirrung im Vordergrunde wird der Zug unterbrochen.)

Die Brabanter

Heil! Heil dem König!

(Der König und Lohengrin dringen durch die verwirrten Haufen des Vordergrundes lebhaft vor)

Heil dem Schützer von Brabant!

Der König

Was für ein Streit?

Elsa *(sehr aufgeregt an Lohengrins Brust stürzend)*

Mein Herr! O mein Gebieter!

Lohengrin

Was ist?

Der König

Wer wagt es hier, den Kirchengang zu stören?

Des Königs Gefolge

Welcher Streit, den wir vernahmen?

Lohengrin *(Ortrud erblickend)*

Was seh' ich! Das unsel'ge Weib bei dir?

Elsa

Mein Retter! Schütze mich vor dieser Frau!

Schilt mich, wenn ich dir ungehorsam war!

In Jammer sah ich sie vor dieser Pforte,

aus ihrer Not nahm ich sie bei mir auf.

Nun sieh, wie furchtbar sie mir lohnt die Güte:

Sie schilt mich, daß ich dir zu sehr vertrau'!

Lohengrin *(den Blick fest und bannend auf Ortrud heftend, welche vor ihm sich nicht zu regen vermag)*
Du fürchterliches Weib, steh ab von ihr!
Hier wird dir nimmer Sieg!

(Er wendet sich freundlich zu Elsa.)

Sag, Elsa, mir,
vermocht ihr Gift sie in dein Herz zu gießen?

(Elsa birgt ihr Gesicht weinend an seiner Brust. Lohengrin richtet sie auf und deutet nach dem Münster.)

Komm, laß in Freude dort diese Tränen fließen!

(Er wendet sich mit Elsa und dem König dem Zuge voran nach dem Münster, alle lassen sich an, wohlgeordnet zu folgen.)

Friedrich *(tritt auf der Treppe des Münsters hervor; die Frauen und Edelknaben, als sie ihn erkennen, weichen entsetzt aus seiner Nähe)*
O König! Trugbetörte Fürsten! Haltet ein!

Der König
Was will der hier?

Die Männer

Was will der hier?

Verfluchter! Weich von dannen!

Friedrich

O hört mich an!

Die Männer

Hinweg!

Zurück!

Der König

Zurück!

Weiche von dannen!

Die Männer

Du bist des Todes, Mann!

Friedrich

Hört mich, dem grimmes Unrecht ihr getan!

Der König

Hinweg!

Die Männer

Hinweg! Weich von dannen!

Friedrich

Gottes Gericht, es ward entehrt, betrogen!
Durch eines Zaubrers List seid ihr belogen!

Der König

Greift den Verruchten!

Die Männer, Frauen und Knaben

Greift den Verruchten!
Hört! Er lästert Gott!

(Sie dringen von allen Seiten auf ihn ein)

Friedrich *(mit der fürchterlichsten Anstrengung, um gehört zu werden, seinen Blick nur auf Lohengrin geheftet und der Andringenden nicht achtend)*

Den dort im Glanz ich vor mir sehe,
den klage ich des Zaubers an!

(Die Andringenden schrecken vor Friedrichs Stimme zurück und hören endlich aufmerksam zu.)

Wie Staub vor Gottes Hauch verwehe
die Macht, die er durch List gewann!
Wie schlecht ihr des Gerichtes wahrtet,

das doch die Ehre mir benahm,
da eine Frag' ihr ihm erspartet,
als er zum Gotteskampfe kam!
Die Frage nun sollt ihr nicht wehren,
daß sie ihm jetzt von mir gestellt:

(In gebieterischer Stellung.)

Nach Namen, Stand und Ehren
frag' ich ihn laut vor aller Welt!

(Bewegung großer Betroffenheit unter allen)

Wer ist er, der ans Land geschwommen,
gezogen von einem wilden Schwan?
Wem solche Zaubertiere frommen,
dess' Reinheit achte ich für Wahn!
Nun soll der Klag' er Rede stehn';
vermag er's, so geschah mir recht –
wo nicht, so sollet ihr ersehn,
um seine Reine steh' es schlecht!

(Alle blicken bestürzt und erwartungsvoll auf Lohengrin.)

Die Männer, der König, die Frauen und Knaben

Welch harte Klagen!
Was wird er ihm entgegnen?

Lohengrin

Nicht dir, der so vergaß der Ehren,
hab' not ich Rede hier zu stehn!
Des Bösen Zweifel darf ich wehren,
vor ihm wird Reine nie vergehn!

Friedrich

Darf ich ihm nicht als würdig gelten,
dich ruf ich, König, hoch geehrt!
Wird er auch dich unadlig schelten,
daß er die Frage dir verwehrt?

Lohengrin

Ja, selbst dem König darf ich wehren
und aller Fürsten höchstem Rat!
Nicht darf sie Zweifels Last beschweren,
sie sahen meine gute Tat!
Nur *eine* ist's, der muß ich Antwort geben:
Elsa –

(Er hält betroffen an, als er, sich zu Elsa wendend, diese mit heftig wogender Brust in wildem innerem Kampfe vor sich hinstarren sieht.)

Elsa! Wie seh' ich sie erbeben!

Der König, die Männer, Frauen und Knaben

Welch ein Geheimnis muß der Held bewahren?

Ortrud und Friedrich

In wildem Brüten darf ich sie gewahren,
der Zweifel keimt in ihres Herzens Grund!

Lohengrin

In wildem Brüten muß ich sie gewahren!

Der König, die Männer, Frauen und Knaben

Bringt es ihm Not, so wahr' es treu sein Mund!

Friedrich und Ortrud

Der Zweifel keimt in ihres Herzens Grund.

Lohengrin

Hat sie betört des Hasses Lügenmund?

Elsa *(der Umgebung entrückt vor sich hinblickend)*

Was er verbirgt, wohl brächt' es ihm Gefahren,

vor aller Welt spräch' es hier aus sein Mund;
die er errettet, weh mir Undankbaren,
verriet' ich ihn, daß hier es werde kund.

Die Frauen und Knaben

Bringt sein Geheimnis ihr Not,
so wahr' es treu sein Mund!

Der König

Bringt ihm sein Geheimnis Not,
so wahr' es treu sein Mund!

Lohengrin

In wildem Brüten muß ich sie gewahren!

Ortrud und Friedrich

In wildem Brüten darf ich sie gewahren!

Lohengrin

O Himmel, schirm ihr Herz vor den Gefahren!
Nie werde Zweifel dieser Reinen kund! *usw.*

Der König und die Männer

Wir schirmen ihn, den Edlen, vor Gefahren;
durch seine Tat ward uns sein Adel kund! *usw.*

Elsa

Wüßt' ich sein Los, ich wollt' es treu bewahren!

Im Zweifel doch erbebt des Herzens Grund! *usw.*

Ortrud und Friedrich

Er ist besiegt, besiegt ist dieser Held,

der mir zur Not in dieses Land gefahren,

er ist besiegt, wird ihm die Frage kund! *usw.*

Die Frauen und Knaben

Bringt ihr sein Geheimnis Not,

so bewahr' es treu sein Mund! *usw.*

Der König

Mein Held, entgegne kühn dem Ungetreuen!

Du bist zu hehr, um, was er klagt, zu scheuen!

Die sächsischen und brabantischen Edlen *(sich an Lohengrin drängend)*

Wir stehn zu dir, es soll uns nie gereuen,

daß wir der Helden Preis in dir erkannt!

Reich uns die Hand! Wir glauben dir in Treuen,

daß hehr dein Nam', wenn er auch nicht genannt! *usw.*

Lohengrin

Euch Helden soll der Glaube nicht gereuen,

werd' euch mein Nam' und Art auch nie genannt! *usw.*

(Während Lohengrin, von den Männern, in deren dargereichte Hand er jedem einschlägt, umringt, etwas tiefer im Hintergrund verweilt, drängt sich Friedrich an Elsa, welche bisher vor Unruhe, Verwirrung und Scham noch nicht vermocht hat, auf Lohengrin zu blicken, und so, mit sich kämpfend, noch einsam im Vordergrunde steht.)

Friedrich *(sich zu Elsa neigend)*

Vertraue mir! Laß dir ein Mittel heißen,

das dir Gewißheit schafft!

Elsa *(erschrocken; doch leise)*

Hinweg von mir!

Friedrich

Laß mich das kleinste Glied ihm nur entreißen,

des Fingers Spitze, und ich schwöre dir,

was er dir hehlt, sollst frei du vor dir sehn,

dir treu, soll nie er dir von hinnen gehn!

Elsa

Ha! Nimmermehr!

Friedrich

Ich bin dir nah zur Nacht –
rufst du, ohn' Schaden ist es schnell vollbracht.

Lohengrin *(schnell in den Vordergrund tretend)*

Elsa, mit wem verkehrst du da?

(Elsa wendet sich mit einem zweifelvoll schmerzlichen Blick von Friedrich ab und sinkt tief erschüttert zu Lohengrins Füßen. Lohengrin wendet sich an Ortrud und Friedrich.)

Zurück von ihr, Verfluchte!
Daß nie mein Auge je
euch wieder bei ihr seh'!

(Friedrich macht eine Gebärde der schmerzlichsten Wut.)

Elsa, erhebe dich! In deiner Hand,
in deiner Treu' liegt alles Glückes Pfand!
Läßt nicht des Zweifels Macht dich ruhn?
Willst du die Frage an mich tun?

Elsa *(in heftigster innerer Aufregung und in schamvoller Verwirrung)*

Mein Retter, der mir Heil gebracht!
Mein Held, in dem ich muß vergehn!
Hoch über alles Zweifels Macht
soll meine Liebe stehn.

(Sie sinkt an seine Brust. Die Orgel ertönt aus dem Münster.)

Lohengrin

Heil dir, Elsa!
Nun laß vor Gott uns gehn!

Die Männer

Seht, er ist von Gott gesandt!

Die Frauen und Knaben

Heil! Heil! Heil!

(Lohengrin führt Elsa feierlich an den Edlen vorüber zum König. Wo sie vorbeikommen, machen die Männer ehrerbietig Platz.)

Die Männer

Heil! Heil euch!
Heil Elsa von Brabant!

(Von dem König geleitet, schreiten Lohengrin und Elsa langsam dem Münster zu.)

Gesegnet sollst du schreiten! *usw.*

Die Männer, Frauen und Knaben

Heil dir, Tugendreiche!

Heil Elsa von Brabant!

Heil dir!

(Als der König mit dem Brautpaar die höchste Stufe erreicht, wendet sich Elsa in großer Ergriffenheit zu Lohengrin, dieser empfängt sie in seinen Armen. Aus dieser Umarmung blickt sie mit scheuer Besorgnis rechts von der Treppe hinab und gewahrt Ortrud, welche den Arm gegen sie erhebt, als halte sie sich des Sieges gewiß; Elsa wendet erschreckt ihr Gesicht ab. Vom König geführt, schreiten Lohengrin und Elsa dem Eingange des Münsters zu.)

Dritter Akt

1. Bild

Das Brautgemach, in der Mitte des Hintergrundes das reichgeschmückte Brautbett; an einem offenen Erkerfenster ein niedriges Ruhebett. Musik hinter der Szene; der Gesang ist erst entfernt, dann näherkommend.

Brautlied der Männer und Frauen

Treulich geführt ziehet dahin,
wo euch der Segen der Liebe bewahr'!
Siegreicher Mut, Minnegewinn
eint euch in Treue zum seligsten Paar.
Streiter der Jugend, schreite voran!
Zierde der Jugend, schreite voran!
Rauschen des Festes seid nun entronnen,
Wonne des Herzens sei euch gewonnen!

(Rechts und links im Hintergrunde werden Türen geöffnet; rechts treten Frauen auf, welche Elsa, links die Männer mit dem Könige, welche Lohengrin geleiten. Edelknaben mit Lichtern voraus.)

Duftender Raum, zur Liebe geschmückt,
nehm' euch nun auf, dem Glanze entrückt.
Treulich geführt ziehet nun ein,
wo euch der Segen der Liebe bewahr'!
Siegreicher Mut, Minne so rein
eint euch in Treue zum seligsten Paar.

(Als die beiden Züge in der Mitte der Bühne sich begegneten, ist Elsa von den Frauen Lohengrin zugeführt worden; sie umfassen sich und bleiben in der Mitte stehen. Edelknaben entkleiden Lohengrin des reichen Obergewandes, gürten ihm das Schwert ab und legen dieses am Ruhebette nieder; Frauen entkleiden Elsa ebenfalls ihres kostbaren Obergewandes. Acht Frauen umschreiten währenddessen langsam Lohengrin und Elsa.)

Acht Frauen *(nach dem Umschreiten)*

Wie Gott euch selig weihte,
zu Freuden weihn euch wir.

(Sie halten einen zweiten Umgang.)

In Liebesglücks Geleite
denkt lang der Stunde hier!

(Der König umarmt und segnet Lohengrin und Elsa. Die Edelknaben mahnen zum Aufbruch. Die Züge ordnen sich wieder, und während des Folgenden schreiten sie an den Neuvermählten vorüber, so daß die Männer rechts, die Frauen links das Gemach verlassen.)

Brautlied

Treulich bewacht bleibet zurück,
wo euch der Segen der Liebe bewahr'!

Siegreicher Mut, Minne und Glück
eint euch in Treue zum seligsten Paar.
Streiter der Tugend, bleibe daheim!
Zierde der Jugend, bleibe daheim!
Rauschen des Festes seid nun entronnen,
Wonne des Herzens sei euch gewonnen!
Duftender Raum, zur Liebe geschmückt,
nahm euch nun auf, dem Glanze entrückt.

(Die beiden Züge haben die Bühne gänzlich verlassen; die Türen werden von den letzten Knaben geschlossen. In immer weiterer Ferne verhallt der Gesang.)

Treulich bewacht bleibet zurück,
wo euch der Segen der Liebe bewahr'!
Siegreicher Mut, Minne und Glück
eint euch in Treue zum seligsten Paar.

(Elsa ist, als die Züge das Gemach verlassen haben; wie überselig Lohengrin an die Brust gesunken. Lohengrin setzt sich, während der Gesang verhallt, auf dem Ruhebett am Erkerfenster nieder, indem er Elsa sanft nach sich zieht.)

Lohengrin

Das süße Lied verhallt; wir sind allein,
zum erstenmal allein, seit wir uns sahn.
Nun sollen wir der Welt entronnen sein,
kein Lauscher darf des Herzens Grüßen nahn.
Elsa, mein Weib! Du süße, reine Braut!
Ob glücklich du, das sei mir jetzt vertraut!

Elsa

Wie wär' ich kalt, mich glücklich nur zu nennen,
besitz' ich aller Himmel Seligkeit!
Fühl' ich zu dir so süß mein Herz entbrennen,
atme ich Wonnen, die nur Gott verleiht;
fühl' ich zu dir so süß mich entbrennen,
atme ich Wonnen, die nur Gott verleiht!

Lohengrin

Vermagst du, Holde, glücklich dich zu nennen,
gibst du auch mir des Himmels Seligkeit!
Fühl' ich zu dir so süß mein Herz entbrennen,
atme ich Wonne, die nur Gott verleiht;
fühl' ich so süß *usw.*

Elsa

Fühl' ich so süß *usw.*

Lohengrin

Wie hehr erkenn' ich unsrer Liebe Wesen!
Die nie sich sahn, wir hatten uns geahnt;
war ich zu deinem Streiter auserlesen,
hat Liebe mir zu dir den Weg gebahnt:
Dein Auge sagte mir dich rein von Schuld –
mich zwang dein Blick, zu dienen deiner Huld.

Elsa

Doch ich zuvor schon hatte dich gesehen,
in sel'gem Traume warst du mir genaht;
als ich nun wachend dich sah vor mir stehen,
erkannt' ich, daß du kamst auf Gottes Rat.
Da wollte ich vor deinem Blick zerfließen,
gleich einem Bach umwinden deinen Schritt,
als eine Blume, duftend auf der Wiesen,
wollt' ich entzückt mich beugen deinem Tritt.
Ist dies nur Liebe? Wie soll ich es nennen,
dies Wort, so unaussprechlich wonnevoll,

wie ach! dein Name – den ich nie darf kennen,
bei dem ich nie mein Höchstes nennen soll!

Lohengrin

Elsa!

Elsa

Wie süß mein Name deinem Mund entgleitet!
Gönnst du des deinen holden Klang mir nicht?
Nur, wenn zur Liebesstille wir geleitet,
sollst du gestatten, daß mein Mund ihn spricht.

Lohengrin

Mein süßes Weib!

Elsa

Einsam, wenn niemand wacht;
nie sei der Welt er zu Gehör gebracht!

Lohengrin *(sie freundlich umfassend und durch das offene Fenster auf den Blumengarten deutend)*

Atmest du nicht mit mir die süßen Düfte?
O wie so hold berauschen sie den Sinn!
Geheimnisvoll sie nahen durch die Lüfte,
fraglos geb' ihrem Zauber ich mich hin.

So ist der Zauber, der mich dir verbunden,
da als ich zuerst, du Süße, dich ersah;
nicht deine Art ich brauchte zu erkunden,
dich sah mein Aug' – mein Herz begriff dich da.
Wie mir die Düfte hold den Sinn berücken,
nahn sie mir gleich aus rätselvoller Nacht:
So deine Reine mußte mich entzücken,
traf ich dich auch in schwerer Schuld Verdacht.

Elsa *(birgt ihre Beschämung, indem sie sich demütig an ihn schmiegt)*
Ach, könnt' ich deiner wert erscheinen,
müßt' ich vor dir nicht bloß vergehn;
könnt' ein Verdienst mich dir vereinen,
dürft' ich in Pein für dich mich sehn!
Wie du mich trafst vor schwerer Klage,
o wüßte ich auch dich in Not;
daß mutvoll ich ein Mühen trage,
kennt' ich ein Sorgen, das dir droht!
Wär' das Geheimnis so geartet,
das aller Welt verschweigt dein Mund?
Vielleicht, daß Unheil dich erwartet,

würd' aller Welt es offen kund?
Wär' es so und dürft' ich's wissen,
dürft' ich in meiner Macht es sehn,
durch keines Drohn sei mir's entrissen,
für dich wollt' ich zu Tode gehn!

Lohengrin

Geliebte!

Elsa

O mach mich stolz durch dein Vertrauen,
daß ich in Unwert nicht vergeh'!
Laß dein Geheimnis mich erschauen,
daß, wer du bist, ich offen seh'!

Lohengrin

Ach, schweige, Elsa!

Elsa

Meiner Treue
enthülle deines Adels Wert!
Woher du kamst, sag ohne Reue –
durch mich sei Schweigens Kraft bewährt!

Lohengrin *(streng und ernst einige Schritte zurücktretend)*
Höchstes Vertraun hast du mir schon zu danken,
da deinem Schwur ich Glauben gern gewährt;
wirst nimmer du vor dem Gebote wanken,
hoch über alle Fraun dünkst du mich wert!

(Er wendet sich schnell wieder liebevoll zu Elsa.)

An meine Brust, du Süße, Reine!
Sei meines Herzens Glühen nah,
daß mich dein Auge sanft bescheine,
in dem ich all mein Glück ersah!
O gönne mir, daß mit Entzücken
ich deinen Atem sauge ein:
Laß fest, ach! fest an mich dich drücken,
daß ich in dir mög' glücklich sein!
Dein Lieben muß mir hoch entgelten
für das, was ich um dich verließ;
kein Los in Gottes weiten Welten
wohl edler als das meine hieß.
Böt' mir der König seine Krone,
ich dürfte sie mit Recht verschmähn.

Das einz'ge, was mein Opfer lohne,
muß ich in deiner Lieb' ersehn!
Drum wolle stets den Zweifel meiden,
dein Lieben sei mein stolz Gewähr!
Denn nicht komm' ich aus Nacht und Leiden,
aus Glanz und Wonne komm' ich her!

Elsa

Hilf Gott, was muß ich hören!
Welch Zeugnis gab dein Mund!
Du wolltest mich betören,
nun wird mir Jammer kund!
Das Los, dem du entronnen,
es war dein höchstes Glück;
du kamst zu mir aus Wonnen
und sehnest dich zurück!
Wie soll ich Ärmste glauben,
dir g'nüge meine Treu'?
Ein Tag wird dich mir rauben
durch deiner Liebe Reu'!

Lohengrin

Halt ein, dich so zu quälen!

Elsa

Was quälest *du* mich doch!
Soll ich die Tage zählen,
die du mir bleibest noch?
In Sorg' um dein Verweilen
verblüht die Wange mir –
dann wirst du mir enteilen,
im Elend bleib' ich hier!

Lohengrin

Nie soll dein Reiz entschwinden,
bleibst du von Zweifel rein!

Elsa

Ach, dich an mich zu binden,
wie sollt' ich mächtig sein?
Voll Zauber ist dein Wesen,
durch Wunder kamst du her;
wie sollt' ich da genesen,
wo fänd' ich dein' Gewähr?

(Sie schreckt in heftigster Aufregung zusammen und hält an, wie um zu lauschen.)

Hörtest du nichts? Vernahmest du kein Kommen?

Lohengrin

Elsa!

Elsa

Ach nein!

(Vor sich hinstarrend.)

Doch, dort – der Schwan – der Schwan!
Dort kommt er auf der Wasserflut geschwommen –
du rufest ihm – er zieht herbei den Kahn!

Lohengrin

Elsa! Halt ein! Beruh'ge deinen Wahn!

Elsa

Nichts kann mir Ruhe geben,
dem Wahn mich nichts entreißt,
als – gelt' es auch mein Leben –
zu wissen, wer du seist!

Lohengrin

Elsa, was willst du wagen?

Elsa

Unselig holder Mann,

hör, was ich dich muß fragen!

Den Namen sag mir an!

Lohengrin

Halt ein!

Elsa

Woher der Fahrt!

Lohengrin

Weh dir!

Elsa

Wie deine Art?

Lohengrin

Weh uns, was tatest du!

Elsa *(die vor Lohengrin steht, welcher den Hintergrund im Rücken hat, gewahrt Friedrich und seine vier Genossen, welche mit* *gezückten Schwertern durch eine hintere Tür hereinbrechen)*

Rette dich! Dein Schwert, dein Schwert!

(Sie reicht das am Ruhebett angelegte Schwert hastig Lohengrin, so daß dieser schnell es aus der Scheide, welche sie hält, ziehen kann. Lohengrin streckt Friedrich, welcher nach ihm ausholt, mit einem Streiche tot zu Boden; den entsetzten Edlen entfallen die Schwerter, sie stürzen zu Lohengrins Füßen auf die Knie. Elsa, die sich an Lohengrins Brust geworfen hatte, sinkt ohnmächtig langsam an ihm zu Boden.)

Lohengrin *(steht allein aufrecht)*

Weh, nun ist all unser Glück dahin!

(Er neigt sich zu Elsa hinab, erhebt sie sanft und lehnt sie auf das Ruhebett.)

Elsa *(die Augen aufschlagend)*

Allewiger, erbarm dich mein!

(Der Tag ist in allmählichem Anbruche begriffen; die tiefer herabgebrannten Kerzen drohen zu erlöschen. Auf Lohengrins Zeichen erheben sich die vier Edlen.)

Lohengrin

Tragt den Erschlagnen vor des Königs Gericht!

(Die Edlen nehmen die Leiche Friedrichs auf und entfernen sich mit ihr durch eine Tür des Hintergrundes. Lohengrin läutet an einem Glockenzuge; vier Frauen treten von links ein.)

Lohengrin *(zu den Frauen)*

Sie vor den König zu geleiten,
schmückt Elsa, meine süße Frau!
Dort will ich Antwort ihr bereiten,
daß sie des Gatten Art erschau'.

(Er entfernt sich mit traurig feierlicher Haltung durch die Tür rechts. Die Frauen geleiten Elsa, die keiner Bewegung mächtig ist, nach links ab. Der Tag hat langsam begonnen zu grauen; die Kerzen sind verloschen. Wie aus dem Burghofe herauf hört man Heerhörner einen Aufruf blasen.)

2. Bild

Die Aue am Ufer der Schelde, wie im 1. Akt. Glühende Morgenröte, allmählicher Anbruch des vollen Tages.

(Ein Graf mit seinem Heergefolge zieht im Vordergrunde rechts auf, steigt vom Pferde und übergibt dies einem Knechte. Zwei Edelknaben tragen ihm Schild und Speer. Er pflanzt sein Banner auf, sein Heergefolge sammelt sich um dasselbe.)

(Während ein zweiter Graf auf die Weise wie der erste einzieht, hört man bereits die Trompeten eines dritten sich nähern.)

(Ein dritter Graf zieht mit seinem Heergefolge ebenso ein. Die neuen Scharen sammeln sich um ihre Banner; die Grafen und Edlen begrüßen sich, prüfen und loben ihre Waffen usw.)

(Ein vierter Graf zieht mit seinem Gefolge von rechts her ein und stellt sich bis in die Mitte des Hintergrundes auf.)

(Als von links die Trompeten des Königs vernommen werden, eilt alles, um sich um die Banner zu ordnen. Der König mit seinem sächsischen Heerbann zieht von links ein.)

Alle Männer *(als der König unter der Eiche angelangt ist)*

Heil König Heinrich!

König Heinrich Heil!

König Heinrich

Habt Dank, ihr Lieben von Brabant!

Wie fühl' ich stolz mein Herz entbrannt,
find' ich in jedem deutschen Land
so kräftig reichen Heerverband!
Nun soll des Reiches Feind sich nahn,
wir wollen tapfer ihn empfahn:
Aus seinem öden Ost daher
soll er sich nimmer wagen mehr!
Für deutsches Land das deutsche Schwert!
So sei des Reiches Kraft bewährt!

Alle Männer

Für deutsches Land das deutsche Schwert!
So sei des Reiches Kraft bewährt!

Der König

Wo weilt nun der, den Gott gesandt
zum Ruhm, zur Größe von Brabant?

(Ein scheues Gedränge ist entstanden; die vier brabantischen Edlen bringen auf einer Bahre Friedrichs verhüllte Leiche getragen und setzen sie in der Mitte der Bühne nieder. Alles blickt sich unheimlich fragend an.)

Die Männer

Was bringen die? Was tun sie kund?
Die Mannen sind's des Telramund!

Der König

Wen führt ihr her? Was soll ich schaun?
Mich faßt bei eurem Anblick Graun!

Die vier Edlen

So will's der Schützer von Brabant;
wer dieser ist, macht er bekannt!

(Elsa, mit großem Gefolge von Frauen, tritt auf und schreitet langsam, wankenden Schrittes in den Vordergrund.)

Die Männer

Seht, Elsa naht, die Tugendreiche!
Wie ist ihr Antlitz trüb und bleiche!

Der König *(der Elsa entgegengegangen ist und sie nach einem hohen Sitze, ihm gegenüber, geleitet)*

Wie muß ich dich so traurig sehn!
Will dir so nah die Trennung gehn?

(Elsa versucht vor ihm aufzublicken, vermag es aber nicht. Großes Gedränge entsteht im Hintergrunde.)

Einige Männer

Macht Platz dem Helden von Brabant!

(Lohengrin, ganz so gewaffnet wie im ersten Akt, tritt ohne Gefolge auf und schreitet feierlich und ernst in den Vordergrund.)

Alle Männer

Heil dem Helden von Brabant!
Heil! Heil!

Der König *(hat seinen Platz unter der Eiche wieder eingenommen)*

Heil deinem Kommen, teurer Held!
Die du so treulich riefst ins Feld,
die harren dein in Streites Lust,
von dir geführt, des Siegs bewußt.

Die Männer

Wir harren dein in Streites Lust,
von dir geführt, des Siegs bewußt.

Lohengrin

Mein Herr und König, laß dir melden:

Die ich berief, die kühnen Helden,
zum Streit sie führen darf ich nicht!

(Alle drücken höchste Betroffenheit aus.)

Der König und die Männer

Hilf Gott!
Welch hartes Wort er spricht!

Die Frauen

Hilf Gott!

Lohengrin

Als Streitgenoß bin ich nicht hergekommen;
als Kläger sei ich jetzt von euch vernommen!

(Er enthüllt Friedrichs Leiche, von deren Anblick sich alle mit Abscheu abwenden.)

Zum ersten klage laut ich vor euch allen
und frag' um Spruch nach Recht und Fug:
Da dieser Mann zur Nacht mich überfallen,
sagt, ob ich ihn mit Recht erschlug?

Der König und die Männer *(die Hand feierlich nach der Leiche ausstreckend)*

Wie deine Hand ihn schlug auf Erden,
soll dort ihm Gottes Strafe werden!

Lohengrin

Zum andern aber sollt ihr Klage hören,
denn aller Welt nun klag' ich laut,
daß zum Verrat an mir sich ließ betören
das Weib, das Gott mir angetraut!

Die Männer

Elsa! Wie mochte das geschehn?
Wie konntest du dich so vergehn?

Der König

Elsa! Wie konntest du dich so vergehn?

Die Frauen *(mit klagenden Gebärden auf Elsa blickend)*

Wehe dir, Elsa!

Lohengrin

Ihr hörtet alle, wie sie mir versprochen,
daß nie sie wollt' erfragen, wer ich bin?
Nun hat sie ihren teuren Schwur gebrochen,
treulosem Rat gab sie ihr Herz dahin!

(Alle drücken die heftigste Erschütterung aus.)

Zu lohnen ihres Zweifels wildem Fragen,
sei nun die Antwort länger nicht gespart:
Des Feindes Drängen durft' ich sie versagen,
nun muß ich künden, wie mein Nam' und Art.

(Mit immer steigender Verklärung seiner Mienen.)

Jetzt merket wohl, ob ich den Tag muß scheuen:
Vor aller Welt, vor König und vor Reich
enthülle mein Geheimnis ich in Treuen.

(Sich hoch aufrichtend.)

So hört, ob ich an Adel euch nicht gleich!

Die Männer

Welch Unerhörtes muß ich nun erfahren?
O könnt' er die erzwungne Kunde sich ersparen!

Der König

Was muß ich nun erfahren?
O könnt' er die Kunde sich ersparen!

Lohengrin *(in feierlicher Verklärung vor sich herblickend)*

In fernem Land, unnahbar euren Schritten,

liegt eine Burg, die Montsalvat genannt;
ein lichter Tempel stehet dort inmitten,
so kostbar, als auf Erden nichts bekannt;
drin ein Gefäß von wundertät'gem Segen
wird dort als höchstes Heiligtum bewacht:
Es ward, daß sein der Menschen reinste pflegen,
herab von einer Engelschar gebracht;
alljährlich naht vom Himmel eine Taube,
um neu zu stärken seine Wunderkraft:
Es heißt der Gral, und selig reinster Glaube
erteilt durch ihn sich seiner Ritterschaft.
Wer nun dem Gral zu dienen ist erkoren,
den rüstet er mit überird'scher Macht;
an dem ist jedes Bösen Trug verloren,
wenn ihn er sieht, weicht dem des Todes Nacht.
Selbst wer von ihm in ferne Land' entsendet,
zum Streiter für der Tugend Recht ernannt,
dem wird nicht seine heil'ge Kraft entwendet,
bleibt als sein Ritter dort er unerkannt.
So hehrer Art doch ist des Grales Segen,
enthüllt – muß er des Laien Auge fliehn;

des Ritters drum sollt Zweifel ihr nicht hegen,
erkennt ihr ihn – dann muß er von euch ziehn.
Nun hört, wie ich verbotner Frage lohne!
Vom Gral ward ich zu euch daher gesandt:
Mein Vater Parzival trägt seine Krone,
sein Ritter ich – bin Lohengrin genannt.

Der König, die Männer und Frauen

Hör' ich so seine höchste Art bewähren,
entbrennt mein Aug' in heil'gen Wonnezähren.

Elsa *(wie vernichtet)*

Mir schwankt der Boden! Welche Nacht!
O Luft! Luft der Unglücksel'gen!

(Sie droht umzusinken; Lohengrin faßt sie in seine Arme.)

Lohengrin

O Elsa! Was hast du mir angetan!
Als meine Augen dich zuerst ersahn,
zu dir fühlt' ich in Liebe mich entbrannt,
und schnell hatt' ich ein neues Glück erkannt:
Die hehre Macht, die Wunder meiner Art,
die Kraft, die mein Geheimnis mir bewahrt,

wollt' ich dem Dienst des reinsten Herzens weihn:

Was rissest du nun mein Geheimnis ein?

Jetzt muß ich, ach! von dir geschieden sein!

Die Männer und Frauen, der König

Weh! Weh! Weh!

Elsa

Mein Gatte! Nein!

Ich laß dich nicht von hinnen!

Als Zeuge meiner Buße bleibe hier! *usw.*

Lohengrin

Ich muß, ich muß! mein süßes Weib!

Die Männer und Frauen

Weh!

Elsa

Nicht darfst du meiner bittern Reu' entrinnen,

daß du mich strafest, liege ich vor dir!

Die Frauen

Weh, nun muß er von dir ziehn!

Elsa

Daß du mich strafest, liege ich vor dir!

Lohengrin

Ich muß, ich muß! mein süßes Weib!

Die Männer und Frauen, der König

Weh! Wehe! Mußt du von uns ziehn,
du hehrer, gottgesandter Mann!
Soll uns des Himmels Segen fliehn,
wo fänden dein' wir Tröstung dann?
Weh uns! O bleib!
Soll uns des Himmel Segen fliehn *usw.*

Elsa

Bist du so göttlich als ich dich erkannt,
sei Gottes Gnade nicht aus dir verbannt!
Büßt sie in Jammer ihre schwere Schuld,
nicht flieh' die Ärmste deiner Nähe Huld!
Verstoß mich nicht, wie groß auch mein Verbrechen!
Verlaß mich, ach! verlaß die Ärmste nicht! *usw.*

Lohengrin

Schon zürnt der Gral, daß ich ihm ferne bleib'!

Ich muß! Ich muß!
Nur eine Strafe gibt's für dein Vergehn!
Ach! mich, wie dich trifft ihre herbe Pein!
Getrennt, geschieden sollen wir uns sehn:
Dies muß die Strafe, dies die Sühne sein!

(Elsa sinkt mit einem Schrei zurück.)

Der König und alle Männer *(Lohengrin ungestüm umdrängend)*
O bleib, und zieh uns nicht von dannen!
Des Führers harren deine Mannen!
O bleib *usw.*

Lohengrin
O König, hör! Ich darf dich nicht geleiten!
Des Grales Ritter, habt ihr ihn erkannt,
wollt' er in Ungehorsam mit euch streiten,
ihm würde alle Manneskraft entwandt!
Doch, großer König, laß mich dir weissagen:
Dir Reinem ist ein großer Sieg verliehn!
Nach Deutschland sollen noch in fernsten Tagen
des Ostens Horden siegreich nimmer ziehn!

(Lebhafte Erregung. Man sieht auf dem Flusse den Schwan mit dem leeren Nachen auf dieselbe Weise wie bei Lohengrins erstem Erscheinen anlangen.)

Ein Teil der Männer *(im Hintergrunde)*

Der Schwan! Der Schwan! Der Schwan!

Der Schwan! Seht dort ihn wieder nahn!

Die übrigen Männer *(im Vordergrunde, nach hinten gewandt)*

Der Schwan! Seht dort ihn wieder nahn!

Die Frauen *(im nächsten Vordergrunde um Elsa)*

Der Schwan! Weh, er naht!

Alle Männer

Er naht, der Schwan!

(Der Schwan kommt um die vordere Flußbiegung herum.)

Elsa *(aus ihrer Betäubung erweckt, erhebt sich, auf den Sitz gestützt, und blickt nach dem Ufer)*

Entsetzlich! Ha, der Schwan!

(Sie verbleibt lange Zeit wie erstarrt in ihrer Stellung.)

Lohengrin

Schon sendet nach dem Säumigen der Gral!

(Unter der gespanntesten Erwartung der übrigen tritt er dem Ufer näher und neigt sich zu dem Schwan, ihn wehmütig betrachtend.)

Mein lieber Schwan!
Ach, diese letzte, traur'ge Fahrt,
wie gern hätt' ich sie dir erspart!
In einem Jahr, wenn deine Zeit
im Dienst zu Ende sollte gehn –
dann, durch des Grales Macht befreit,
wollt' ich dich anders wieder sehn!

(Er wendet sich im Ausbruch heftigen Schmerzes in den Vordergrund zu Elsa zurück.)

O Elsa! Nur ein Jahr an deiner Seite
hatt' ich als Zeuge deines Glücks ersehnt!
Dann kehrte, selig in des Grals Geleite,
dein Bruder wieder, den du tot gewähnt.

(Alle drücken ihre Überraschung aus. Lohengrin überreicht Elsa sein Horn, sein Schwert und seinen Ring.)

Kommt er dann heim, wenn ich ihm fern im Leben,
dies Horn, dies Schwert, den Ring sollst du ihm geben.
Dies Horn soll in Gefahr ihm Hilfe schenken,

in wildem Kampf dies Schwert ihm Sieg verleiht;
doch bei dem Ringe soll er mein gedenken,
der einst auch dich aus Schmach und Not befreit!

(Während er Elsa, die keines Ausdrucks mächtig ist, wiederholt küßt.)

Leb wohl! Leb wohl! Leb wohl, mein süßes Weib!
Leb wohl! Mir zürnt der Gral, wenn ich noch bleib!
Leb wohl, leb wohl!

(Elsa hat sich krampfhaft an ihm festgehalten; endlich verläßt sie die Kraft, sie sinkt ihren Frauen in die Arme, denen sie Lohengrin übergibt, wonach dieser schnell dem Ufer zueilt.)

Der König, die Männer und Frauen
Weh! Weh! Weh! Du edler, holder Mann!
Welch harte Not tust du uns an!

Ortrud *(tritt im Vordergrunde auf, mit jubelnder Gebärde)*
Fahr heim! Fahr heim, du stolzer Helde,
daß jubelnd ich der Törin melde,
wer dich gezogen in dem Kahn!
Am Kettlein, das ich um ihn wand,

ersah ich wohl, wer dieser Schwan:

Es ist der Erbe von Brabant!

Alle

Ha!

Ortrud *(zu Elsa)*

Dank, daß den Ritter du vertrieben!

Nun gibt der Schwan ihm Heimgeleit:

Der Held, wär' länger er geblieben,

den Bruder hätt' er auch befreit!

Die Männer

Abscheulich Weib! Ha, welch Verbrechen

hast du in frechem Hohn bekannt!

Die Frauen

Abscheulich Weib!

Ortrud

Erfahrt, wie sich die Götter rächen,

von deren Huld ihr euch gewandt!

(Sie bleibt in wilder Verzückung hoch aufgerichtet stehen.)

(Lohengrin, bereits am Ufer angelangt, hat Ortrud genau vernommen und sinkt jetzt zu einem stummen Gebet feierlich auf die Knie. Aller Blicke richten sich in gespannter Erwartung auf ihn hin. Die weiße Gralstaube schwebt über dem Nachen herab. Lohengrin erblickt sie; mit einem dankbaren Blicke springt er auf und löst dem Schwan die Kette, worauf dieser sogleich untertaucht. An seiner Stelle hebt Lohengrin einen schönen Knaben in glänzendem Silbergewande – Gottfried – aus dem Flusse an das Ufer.)

Lohengrin

Seht da den Herzog von Brabant!
Zum Führer sei er euch ernannt!

(Ortrud sinkt bei Gottfrieds Anblick zusammen. Lohengrin springt schnell in den Kahn, den die Taube an der Kette gefaßt hat und sogleich fortzieht. Elsa blickt mit letzter freudiger Verklärung auf Gottfried, welcher nach vorn schreitet und sich vor dem König verneigt. Alle betrachten ihn mit seligem Erstaunen, die Brabanter senken sich huldigend vor ihm auf die Knie. Dann eilt Gottfried in Elsas Arme.)

Elsa *(nach einer kurzen freudigen Entrückung, wendet hastig den Blick nach dem Ufer, wo sie Lohengrin nicht mehr erblickt)*

Mein Gatte! Mein Gatte!

(In der Ferne wird Lohengrin wieder sichtbar; er steht mit gesenktem Haupte traurig auf seinen Schild gelehnt im Nachen.)

Elsa

Ach!

Der König, die Männer und Frauen

Weh!

(Elsa gleitet langsam entseelt in Gottfrieds Armen zu Boden. Lohengrin wird immer ferner gesehen.)